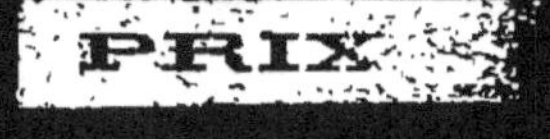
PRIX

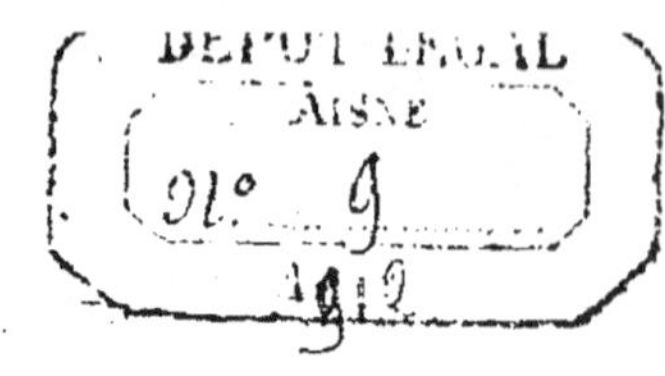

PRIX
12 c

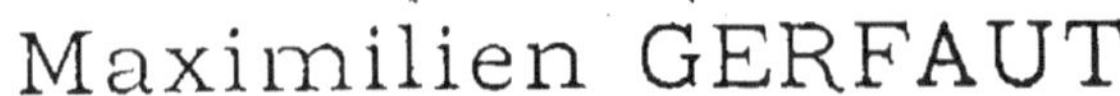

Maximilien GERFAUT

SECRETS OCCULTES

POUR VIVRE VIEUX

PRIX : UN FRANC

S. FOUQUET
ÉDITEUR
33, Rue de la Liberté, 33
VERVINS

1911

AVANT-PROPOS

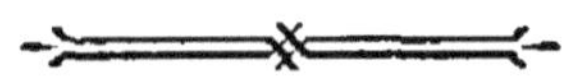

Cette brochure a été écrite à l'aide de notes provenant de longues et minutieuses observations personnelles, notes que nous avions prises pour nous-même, et sans penser tout d'abord que nous pourrions un jour en faire usage pour rédiger la brochure qu'on va lire. Ce qui nous a fait prendre ces notes, c'est tout simplement la crainte que nous avons eue — et que nous avons encore — qu'un jour vienne où notre pensée étant moins active et moins claire, nous ne sachions plus, d'une façon rigoureuse et précise, *ce qu'il faut faire, ce qu'il faut penser et ce qu'il faut être,* pour vivre, pour vivre encore...

Nous voulions, en prévision d'une heure « trouble », avoir quelque chose de prêt, quelque chose comme le tracé fidèle et sûr d'une vision disparue. Nous voulions un plan pour le cas où nous viendrions à nous égarer... Voilà la vérité.

Et aujourd'hui, c'est-à-dire plusieurs années après, 'est en songeant que pour beaucoup la vieillesse et la nort surviennent avant l'heure, que nous avons eu idée de rassembler nos observations pour les publier t les livrer au public. Nous le faisons en toute conscience, avec la conviction que notre tâche ne sera pas aine et que le lecteur, grâce à la connaissance de notre héorie, retardera dans une mesure fort appréciable sa icillesse, en même temps qu'il en adoucira les misères.

M. G.

SECRETS OCCULTES

POUR VIVRE VIEUX

Tout être humain doit avoir

l'ambition de vivre vieux.

Que le lecteur n'attende pas trouver ici le secret d'un élixir de longue vie qui aurait la mirifique vertu de lui assurer une longue vieillesse, exempte de tous maux et de toutes infirmités. La vérité n'est pas si simple et si facile.

L'homme est bâti pour atteindre un âge biblique. Mais si nous voulons vivre vieux, c'est-à-dire si nous voulons vivre toute la vie qui revient à chacun de nous, il faut avant tout que nous sachions le vouloir avec énergie, le vouloir avec persévérance.

Le véritable secret de la vieillesse, qu'on le sache bien, est en nous-même. Chacun le porte en soi. Mais chez certains individus il est si peu précis, si vacillant si l'on peut dire, qu'il s'échappe ou s'évapore facilement et alors... c'est la mort. Que ceux-ci nous écoutent d'une façon particulièrement attentive.

Convaincu du rôle prépondérant et indéniable qu'exerce la pensée sur la santé et sur la vie de tout être humain, nous ferons immédiatement d'elle l'objet de nos principales recommandations, en soulignant le puissant intérêt que nous y attachons.

L'esprit domine la matière.

La pensée est la sève qui nous fait vivre.

Si l'on veut conserver et affermir sa santé, une chose est tout d'abord indispensable : avoir constamment de bonnes pensées, des pensées gaies et souriantes.

Soyons pleins d'espoir ; soyons bons ; soyons confiants en nous-mêmes ; soyons courageux ; cela consolidera dans une large mesure notre santé physique et contribuera à nous rendre heureux. Au contraire la méchanceté, la haine, la malveillance, la méfiance, le découragement, la tristesse, le désespoir, détériorent notre organisme et amènent la maladie. En effet, si les bonnes pensées ont une puissance organisatrice, les mauvaises pensées ont une puissance destructive certaine.

La plupart des maladies du corps ne sont-elles pas d'ailleurs des maladies de l'esprit? S'adonner à une grande passion, n'est-ce point se préparer à quelque grande maladie? Il est tout au moins permis de le croire. Dans ces conditions, puisque les manifestations de notre organisme dépendent le plus souvent de nos pensées et sont régies par elles, nous avons le devoir de contrôler constamment notre façon de penser, notre état d'âme.

Chacun de nous n'a-t-il pas bien souvent entendu une personne à qui il arrive quelque événement heureux ou qui, simplement, apprend une nouvelle qui lui est agréable, s'écrier : « Ça me rajeunit de vingt ans ». On n'accorde généralement aucune attention à cette déclaration spontanée, sans quoi on s'apercevrait qu'elle n'a pas la banalité qu'on lui prête, mais qu'elle renferme une certaine vérité. En effet, il est évident que la personne qui s'est servie de cette expression s'est sentie tout-à-coup plus gaie, plus alerte, plus jeune. Et cela parce qu'elle a éprouvé une joie, qui est venue dissiper les mauvaises pensées qui pouvaient tourmenter son cerveau, comme le soleil dissipe les ténèbres.

C'est ainsi qu'on rencontre des vieillards toujours gais, toujours souriants, toujours jeunes, car, à vrai lire, entre la jeunesse et la vieillesse il n'existe aucune frontière fixe.

Ces gens-là qui sont toujours jeunes, ont — qui pourrait en douter? — quelque chose de mystérieux qui les fait vivre. Et cette sève invisible, mystérieuse, réside dans la nature de leurs pensées. Ils sont heureux. Leur existence a un but. « Leur cœur est bon. Leurs jours sont pleins ». On ne peut pas dire d'eux qu'ils existent sans vivre ». Ils aiment quelque chose, ils aiment quelqu'un, ne fût-ce que leurs petits-enfants. Et s'ils ont un deuil en arrière, eh bien, ils ont un songe en avant, pour la réalisation duquel ils ont une raison de vivre. Là est tout le secret de leur belle vieillesse.

Mais revenons aux pensées qui nous travaillent et agissent sur nous-mêmes. N'entendons-nous pas aussi dire chaque jour, lorsqu'on désigne un homme qui semble heureux par exemple : « En voilà un qui se fait du bon sang, ce n'est pas la bile qui l'étouffera », le même qu'on dira d'une personne ordinairement triste et découragée : « Elle se fait trop de mauvais sang, ça finira par la rendre malade » ?

Si l'on n'attache pas d'importance à ces réflexions, c'est vraisemblablement parce qu'on les a entendues souvent déjà résonner à ses oreilles et que leur prédiction n'est pas pour se réaliser immédiatement.

Mais on ne peut nier la grande vérité qu'elles contiennent.

*
* *

Ayant parlé du rôle important de nos pensées, nous serions incomplet si nous n'indiquions pas maintenant ce qu'il convient de faire pour avoir de bonnes pensées, créatrices de vie. Nous allons le faire, en nous efforçant d'être aussi clair, aussi simple et aussi bref que possible, car les grands programmes ne sont pas toujours les meilleurs.

A chacun de ses repas, il sera bon de se dire mentalement : « Ce que nous allons manger, ce que nous mangeons, cette matière va se transformer en bonté, en amour, en confiance en soi, en joie. Et l'on se gardera bien de ne pas manger trop de choses grossières, trop de viande, ce qui nous donnerait des pensées inférieures, grossières, moins nobles, moins élevées. Voilà pour la nourriture de notre corps.

Voyons maintenant ce qui concerne l'âme, ce qui intéresse notre cerveau, notre « moi ».

Sommes-nous assaillis par une pensée triste, par une mauvaise pensée ? Il est de toute importance de la rejeter immédiatement de notre esprit et de la remplacer par une pensée de nature opposée. A cet effet, il est utile de revivre mentalement une scène heureuse de son passé. On y arrive assez facilement.

C'est pour atteindre ce but, c'est pour obtenir ce résultat : être heureux et avoir de bonnes pensées, qu'aujourd'hui encore on recommande particulièrement aux vieillards de fréquenter le plus possible les jeunes gens. Nous sommes d'avis, quant à nous, que cela peut nous faire le plus grand bien ; ça nous réchauffe et ça nous rend de la sève. Le contact de la jeunesse modifie très heureusement notre état d'âme, nous donne de bonnes pensées, gaies et réconfortantes. Aussi nous sommes persuadé que l'on retirera de cette fréquentation des bienfaits fort appréciables.

Aimons donc et efforçons-nous de nous trouver au milieu de jeunes gens. S'il arrive que cette jeunesse se moque un peu de nos infirmités ou de nos manières, faisons en sorte de ne pas nous en apercevoir. Est-ce que cela, du reste, a vraiment de l'importance ? Mais non, cent fois non. Aussi nous aurions grand tort de nous formaliser d'une allusion ou d'une plaisanterie quelconque. La jeunesse a toujours été quelque peu terrible, mais les roses elles-mêmes n'ont-elles pas des épines ? Respirons donc avidement le parfum de la jeunesse, environnons-nous en même, mais laissons et oublions les épines.

*
* *

A propos de la recommandation faite aux vieillards de fréquenter les jeunes gens, l'antiquité nous rapporte de singulières pratiques, qui furent autrefois fort en honneur. A titre de curiosité, nous en citerons quelques-unes, en ajoutant que nous n'accordons qu'une médiocre confiance en leur valeur.

Ainsi, il fut jadis conseillé à certains vieillards de dormir près d'une jeune fille ou même entre deux jeunes filles. Parfois aussi, ces jeunes personnes devaient appliquer leur corps sur l'estomac du vieillard à traiter. On ajoute d'ailleurs que cette méthode n'a pas toujours été sans inconvénient, car quelques-uns des vieillards traités se montrèrent si rajeunis par ce contact de chair que la vertu des jeunes filles eut à en souffrir.

On découvrit également des propriétés thérapeutiques à l'haleine de tout être humain jeune et sain. La respiration des jeunes filles notamment, fut appelée le « cordial des vieux ans » et recommandée à cause des effets bienfaisants et salutaires qu'on lui attribuait. Cette théorie renferme-t-elle quelque part de vérité ? C'est bien possible. Il se peut qu'il y ait dans le souffle humain une force mystérieuse, un certain fluide vital qui puissent prévaloir dans une certaine mesure contre la destruction des organes et l'action du temps. On peut admettre en effet que les organismes jeunes agissent par l'air expiré ; que les particules encore chaudes et imprégnées de vie, expirées de leurs poumons et respirées *immédiatement* par le vieillard, communiquent à celui-ci un peu de jeunesse et de vie. C'est sans doute dans cet ordre d'idées que d'anciens écrivains occultistes ont tenu en faveur et conseillé l'haleine virginale ou en tout cas l'haleine féminine.

Quant à nous, à l'haleine des fraîches jeunes filles et à ses vertus spéculatives, nous préférons de beaucoup le lait de femme. Nous croyons en effet que si une nourrice est nécessaire au tout jeune enfant, elle peut également nous être d'un grand secours lorsque nous sommes devenus vieux. Notre avis est que le lait de femme a sur le vieillard, si celui-ci est faible ou malade, les plus heureux effets. Il faut bien concevoir en effet qu'il arrive un moment où l'arbre humain sèche et dépérit ; il est alors nécessaire de l'asperger avec du lait de femme, si l'on veut qu'il redevienne vivace. Enfin il est certain que ce lait de femme, bu au sein même de celle-ci, renferme une certaine force vitale, très précieuse pour le vieillard affaibli.

Nous avons remarqué également que lorsqu'un homme déjà un peu âgé épouse une femme jeune encore, il arrive qu'il semble devenir plus leste, plus vivace; il est plus gai. Bref il paraît plus jeune. Cet homme emprunte vraisemblablement à sa jeune épouse des effluves de jeunesse. Il est donc permis de croire qu'il est bon, pour un homme, de se marier avec une personne moins âgée que lui, mais — c'est du moins notre avis — à une condition : celle de ne pas gaspiller ses forces dans les plaisirs sensuels trop souvent répétés.

Nous croyons aussi fortement à la bienfaisante influence que la respiration bien comprise peut exercer sur chacun de nous, non seulement au point de vue physique, mais aussi au point de vue psychique. Qu'on ne l'oublie jamais : la respiration est le grand balancier qui règle notre organisme. Par elle nous pouvons conserver, améliorer même notre santé physique, et développer nos facultés psychiques. Nous pensons que l'air consume trop vite la flamme qu'est la vie. Vous livrez-vous, par exemple, à un sport quelque peu violent, à un exercice fatigant ? Votre respiration est d'autant plus rapide, plus accélérée, que vos mouvements le sont eux-mêmes. Et il se produit fatalement ceci : qu'en cet instant, inconsciemment peut-être, vous usez votre vie beaucoup plus vite qu'il ne conviendrait. Qu'on nous passe cette expression : « Vous abusez de la force de votre machine ». Il est donc nécessaire à cet égard qu'on se surveille, qu'on exerce un contrôle sur soi-même. Il sera surtout utile de s'apprendre à respirer généralement d'une façon plus lente et plus complète, de manière à bien brûler tous les déchets de l'organisme. A cet effet, prolongeons notre inspiration et rendons-là plus régulière ; de temps à autre, particulièrement quand nous sommes au grand air, retenons même un peu l'air dont nous venons d'emplir nos poumons ; enfin que notre expiration soit plus lente, plus complète elle aussi.

Mais qu'il n'existe aucun temps d'arrêt entre l'expiration et l'inspiration qui suit. Pour être sûr d'être bien compris, nous répétons : augmenter la durée de l'inspiration et de l'expiration, en veillant à ce que l'une et l'autre soient bien entières. Voilà pour le rôle purement physiologique de la respiration. Son rôle psychique est également très intéressant. En effet, si notre respiration est ce qu'elle doit être, profonde et lente, nos pensées s'en ressentiront avantageusement. Elles seront plus actives, plus fortes, plus énergiques, plus joyeuses. Ce résultat ne sera pas des moins précieux. Il faut bien se dire que l'âme a un pouvoir curatif certain que l'imagination, la foi et la volonté sont susceptibles de rendre prodigieusement puissant. Négliger cette influence curative serait commettre une erreur.

Nous attachons encore une certaine importance à la continence. On conserve d'autant mieux sa force et sa vigueur, sa vie, que l'on consomme moins sa force nerveuse. Soyons donc aussi chastes que possible. La chasteté conservera longtemps, très longtemps, nos facultés physiques et intellectuelles. Grâce à elle, notre bonheur pourra être constant, sans ombre et sans déclin ; ce qui nous entoure nous apparaîtra sous des couleurs plus riantes et il nous sera aisé d'avoir d'heureuses pensées qui font vivre malgré tout. Et puis il nous semble qu'on se persuade plus facilement, lorsqu'on est chaste, être plus jeune, avoir moins que son âge.

Enfin, pour vivre longtemps, pour vivre vieux, il faut aimer. Nous dirons même qu'il faut prendre plaisir à aimer. Aimons quelqu'un, aimons quelque chose, aimons le plus que nous pouvons. Aimons beaucoup et beaucoup de choses. Aimons tout ce qui mérite d'être aimé. Ça fait vivre. Plus on aime, plus on vit et mieux on vit. Aimons ceux qui nous entourent. Aimons la nature, les fleurs, le soleil, les étoiles ; aimons le printemps, l'été, l'automne et autant l'hiver. Le froid conserve. Tout a son charme : le soleil comme la pluie, la chaleur comme le froid. Mais surtout, gardons-nous bien de vivre seul, car la solitude prolongée est pernicieuse. Vivons en famille. Que ceux qui ont le malheur de ne pas avoir de famille s'en créent une. C'est indispensable à leur bonheur et à leur vraie vie.

Aimons la réunion, la gaieté, le chant des oiseaux, la musique, la danse ; aimons encore et toujours. Ne cessons d'accroître dans notre cœur la puissance d'aimer. Respirons l'amour comme on respire le bonheur. Pénétrons-nous en. Nourrissons-en notre âme. Et rappelons-nous jusqu'à notre dernier souffle que *l'amour, la bonté et le bonheur sont des créateurs de vie.*

*
* *

Veut-on maintenant nous permettre de donner quelques indications, quelques conseils? Ils aideront le lecteur à mieux vivre, à avoir ce qu'on appelle de bonnes pensées.

Nos vêtements : quelque soit notre âge, veillons à notre mise. Qu'elle soit simple et élégante en même temps. Soyons toujours d'une propreté méticuleuse. Nous pouvons même user, modérément toutefois, d'odeurs. Que toujours nos vêtements nous rajeunissent.

Ayons bien conscience de cette grande vérité, à savoir que dans la vie tout est relatif. Soyons donc résolument optimiste et « ayons le sourire ». Allons jusqu'à prendre gaiment les choses tristes. Il faut quelquefois rire pour ne pas pleurer.

Que jamais nous ne perdions notre temps à considérer que telle personne est plus heureuse que nous-mêmes. Très souvent d'ailleurs nous nous tromperions, car c'est celui qui s'efforce de paraître le plus gai, qui rit le plus bruyamment, qui, au fond, est le moins joyeux et le moins heureux ; sa joie est factice.

N'envions surtout pas la fortune du riche, car la fortune ne fait point naître fatalement en nous des facultés ou même seulement des pensées capables d'assurer un bonheur réel et durable. En face de la mort, tout l'or du monde ne vaut pas une heure de vie. Et puis enfin, il est bien certain que le vrai bonheur ne se trouve pas exclusivement dans la richesse, ni même dans les honneurs et dans la gloire. On le rencontre aussi bien, sinon davantage, dans la chaumière du pauvre que dans le somptueux palais du riche.

Aimons le travail, dont les bienfaits sont nombreux et les joies pures et intimes.

Nos deux grands ennemis sont la peur et la paresse. Il importe que nous nous en débarrassions au plus tôt.

Soyons bons, mais sans que notre bonté aille jusqu'à la faiblesse.

Fuyons les gens tristes qui passent leur existence à se plaindre. Ne les écoutons pas, ne les plaignons surtout pas ; nous leur rendrions là un très mauvais service.

Ne mettons pas le nez dans les livres de médecine, car nous serions bien capables de nous trouver un nombre effrayant de maladies.

Levons les yeux vers le ciel au lieu de les baisser vers la terre.

Aimons à rire. Lorsqu'on rit de bon cœur, l'expiration est complète et les poumons chassent le reste de mauvais air qu'ils renferment. C'est un premier

résultat, sur lequel d'autres résultats heureux vien-
nent se greffer. Du reste chacun sait que jadis les
rois avaient toujours leur bouffon, dont le rôle était
de les distraire et de les faire rire. Il y a en effet
très longtemps que les bienfaits de la distraction
et du rire sont connus.

Certaines personnes, particulièrement celles qui
sont chastes, entendent constamment, dans leur for
intérieur, une joyeuse musique qui les épanouit et
les fait rayonner. Tâchons d'être de leur nombre.

Enfin soyons toujours sans peur et sans reproche.
Ne faisons jamais rien qui puisse charger notre
conscience et nous causer quelque remords.

L'observance de ces recommandations contribuera
dans une large mesure à assurer le bonheur du
lecteur. Et le bonheur est nécessaire. Il est en
quelque sorte le pain de notre âme. Si le chagrin
tue, lui (le bonheur) est pour nous une prodigieuse
raison de vivre.

CONCLUSION

Nous disons au lecteur avant de le quitter :
« Quand votre esprit sera bien pénétré de l'enseignement contenu dans cette brochure, vous serez très certainement entraîné vers la santé parfaite et vers une longue et heureuse vieillesse. Relisez-nous donc quelquefois, souvent même. Arrêtez-vous sur chaque phrase. N'oubliez jamais qu'une belle et heureuse vieillesse est entre vos mains. Que votre esprit veille constamment pour qu'elle ne vous échappe pas.

www.ingramcontent.com/pod-product-compliance
Lightning Source LLC
Chambersburg PA
CBHW050807070726
47595CB00015B/3006